CÍRCULOS Y CALENDARIOS

Libia E. Barajas Mariscal

Ilustraciones de César Evangelista

LA OTRA ESCALERA

CASTILLO

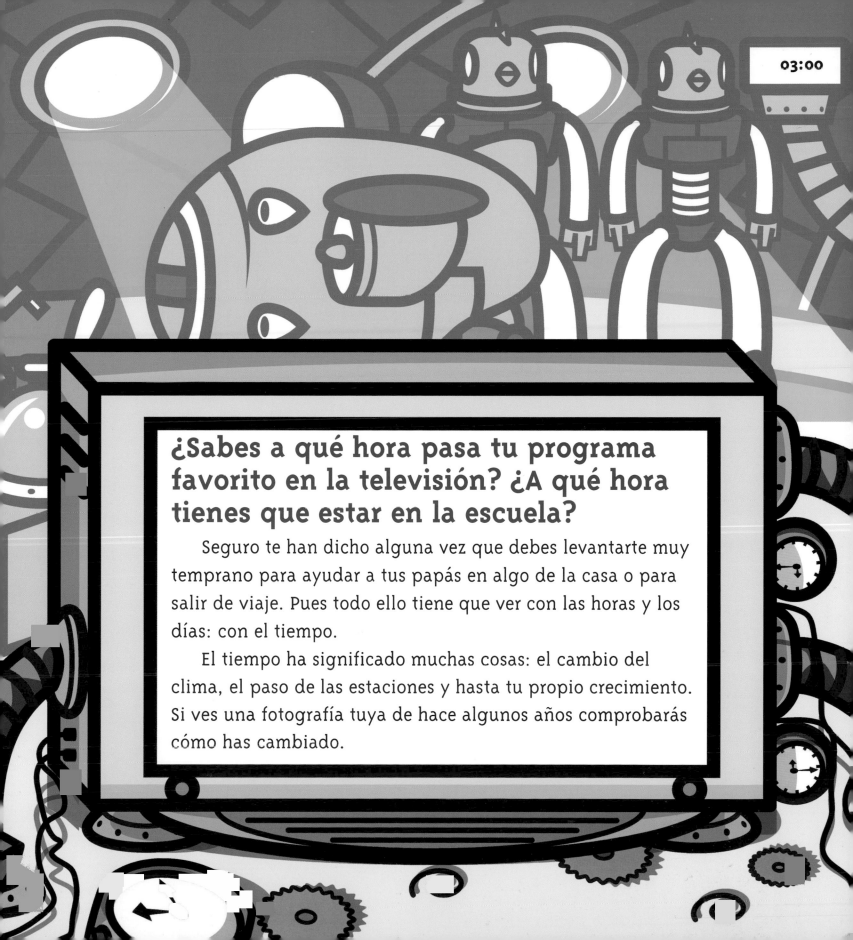

03:00

¿Sabes a qué hora pasa tu programa favorito en la televisión? ¿A qué hora tienes que estar en la escuela?

Seguro te han dicho alguna vez que debes levantarte muy temprano para ayudar a tus papás en algo de la casa o para salir de viaje. Pues todo ello tiene que ver con las horas y los días: con el tiempo.

El tiempo ha significado muchas cosas: el cambio del clima, el paso de las estaciones y hasta tu propio crecimiento. Si ves una fotografía tuya de hace algunos años comprobarás cómo has cambiado.

Pero el tiempo, aunque siempre ha estado ahí, no ha sido considerado ni medido de la misma forma por todos. Esto es importante, porque de nuestra manera de entender el tiempo depende nuestra idea de la historia, de la nuestra en particular y de todo lo que sucede en el mundo.

Hace miles de años, antiguas civilizaciones como los caldeos, los babilonios, los chinos, los griegos y los romanos, pensaban que el tiempo era algo que empezaba y terminaba, para volver a empezar y terminar; lo que se conoce como un ciclo.

Los caldeos hablaban del Gran Año. Se supone que un año como éste comenzaba con la creación del mundo y terminaba con la destrucción de todo lo existente. Cada Gran Año era un ciclo en el que todo nacía de nuevo para luego desaparecer. Quizá para algunos de nosotros ésta no es la mejor manera de entender el tiempo…

pero hay culturas en la actualidad que también consideran el tiempo como un ciclo; entre ellas se encuentran los indígenas de Bolivia y varios grupos mayas de México.

05:00

06:00

La otra manera de pensar en el tiempo es

Hace miles de años los judíos fueron los primeros en pensar que el tiempo era como una larga línea. Así es que para ellos la historia estaba formada por cosas y hechos que ocurrían una sola vez, y que nunca más volvían a suceder. Sin embargo, pensaban que el tiempo lineal tenía un fin al que seguiría la eternidad, algo como un tiempo sin tiempo. Esta forma de pensar, con algunos cambios, se ha generalizado en millones de personas en la actualidad.

Querer saber cómo es el tiempo, si parecido a un círculo o a una línea, no fue la única preocupación. Sabemos que el tiempo no es un objeto, pues no podemos verlo ni tocarlo, pero existe, porque lo podemos medir.

Lo más rápido y sencillo para medir el tiempo es fijarnos en el día y la noche.

era una línea.

Las antiguas civilizaciones empezaron a fijarse sobre todo en el tiempo que tarda la Luna en hacerse pequeña, en menguar, para luego convertirse en una Luna llena. Ésta fue la primera pista que siguieron para construir sus calendarios, porque vieron que la Luna hacía lo mismo cada 29 días aproximadamente.

Las antiguas civilizaciones también se dieron cuenta de que el Sol no siempre seguía el mismo camino en el cielo. Entonces empezaron a contar los días que pasaban para que el Sol volviera a repetir exactamente el mismo trayecto. En Mesopotamia, hace miles de años, fue donde contaron por primera vez que eran 365 días los que el Sol tardaba en seguir la misma ruta por el cielo.

Hoy sabemos que la Tierra gira alrededor del Sol, pero como este movimiento no se siente, durante mucho tiempo se creyó que estaba quieta, y que las estrellas, el Sol, la Luna, todo lo que se ve en el cielo era lo que se movía.

Este movimiento de nuestro planeta, conocido como traslación, dura un año, y aunque cada uno de nosotros no lo siente, sí es observable y tiene efectos (por ejemplo, el cambio del clima a través del año).

Nuestra Tierra también tiene otro movimiento, gira sobre sí misma, y a esto se le llama rotación. El tiempo que tarda en dar este giro completo es igual a un día.

En un principio la gente sólo medía el tiempo tomando en cuenta el día y la noche ¿Pero cómo hicieron para medir el tiempo cuando quisieron conocer la duración de los sucesos o actividades que ocurrían en un día?

Muchos astrónomos observaron los fenómenos celestes (por ejemplo, el camino que siguen los planetas en el cielo). Hubo astrónomos que estudiaron durante toda su vida estos fenómenos y pasaron la información a otros. Al paso del tiempo se dieron cuenta de que el día podía dividirse en partes iguales, a las que llamamos horas, y contabilizaron en promedio 24 para un día completo.

Hace miles de años, en Egipto, se inventaron las clepsidras o relojes de agua. Estos objetos eran cuencos o tinas con marcas y un orificio; las clepsidras se llenaban de agua y la gente tomaba en cuenta el tiempo que tardaban en vaciarse por completo. Estos relojes de agua fueron utilizados también por los romanos y se recurría a ellos especialmente por la noche, cuando no se tenía una referencia sencilla, como el Sol, para saber qué hora era.

Aprovechando el camino que seguía el Sol por el cielo, también se inventaron, precisamente, los relojes de sol. Una estaca, o algo semejante al centro de un círculo, reflejaba una sombra que iba señalando el paso del tiempo en periodos que estaban marcados en el suelo. También las velas funcionaron como relojes. A lo largo de la vela se hacían marcas que iban desapareciendo conforme la vela se consumía.

Cuando se inventaron los primeros relojes mecánicos, en el siglo trece, fue posible medir el tiempo con mayor precisión. Si ahora estamos en el siglo veintiuno, y cada siglo tiene cien años han pasado muchos muchos años desde entonces... ¡más de 650!

La catedral de Norwich, una ciudad de Inglaterra, fue la primera que tuvo en 1322 un enorme reloj mecánico. Para hacer este reloj se aprovecharon todos los conocimientos que sobre el tiempo se habían acumulado hasta ese momento: los minutos de 60 segundos, las horas de 60 minutos, los días de 24 horas y los años de 365 días.

Todas las ciudades importantes empezaron a tener relojes, generalmente en las iglesias, y sus mecanismos, con grandes ruedas dentadas, que se llaman engranes, hacían sonar las campanas para indicar la hora. Tan importantes fueron estos relojes, y estuvieron tan relacionados con el sonido de las campanas, que la palabra *clock,* que significa *reloj* en inglés, nació de otras palabras más antiguas: *glocke* en alemán y *cloche* en francés, que significan campanada.

Los últimos siglos de la Edad Media europea, desde el siglo XIII hasta el XV, estuvieron marcados por el sonar de las campanas; tanto así, que un escritor de entonces, François Rabelais, afirmaba que una ciudad sin campanas era como un ciego sin bastón.

Hoy tenemos relojes con una precisión que no permite un atraso, o un adelanto, de más de un segundo en 350 000 años.

Con respecto a los calendarios, los primeros tomaron como referente a la Luna y después muchos otros al Sol. Pero no todas las civilizaciones tomaron en cuenta a estos astros.

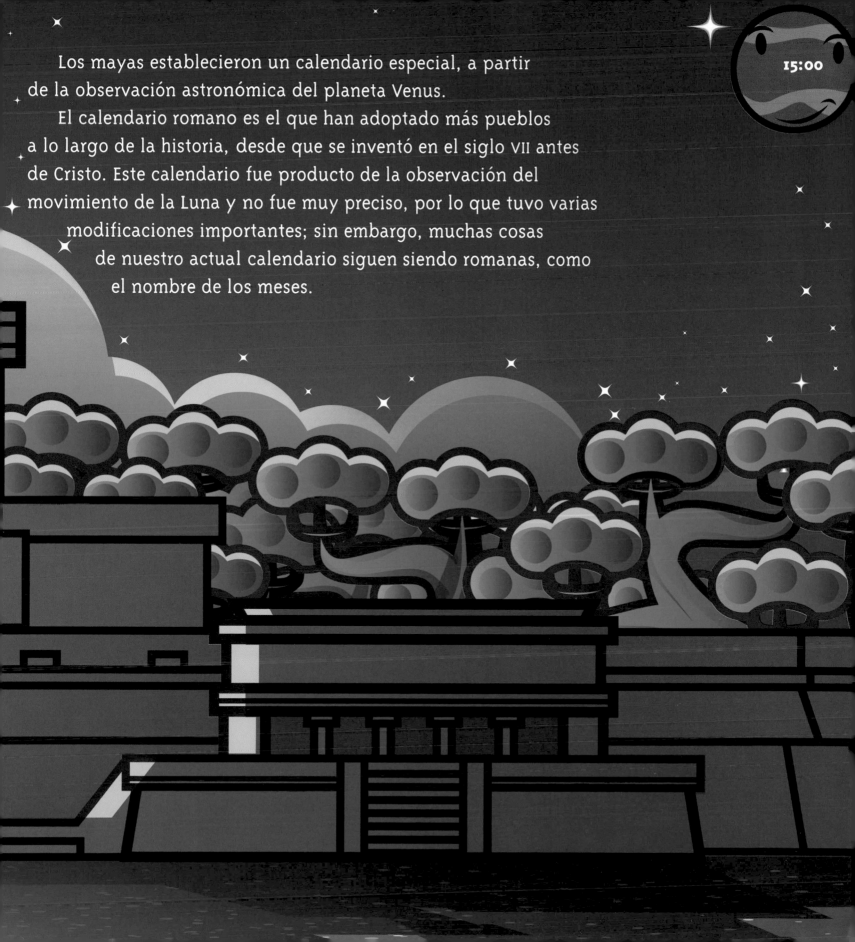

Los mayas establecieron un calendario especial, a partir de la observación astronómica del planeta Venus.

El calendario romano es el que han adoptado más pueblos a lo largo de la historia, desde que se inventó en el siglo VII antes de Cristo. Este calendario fue producto de la observación del movimiento de la Luna y no fue muy preciso, por lo que tuvo varias modificaciones importantes; sin embargo, muchas cosas de nuestro actual calendario siguen siendo romanas, como el nombre de los meses.

JANO

MARTE

JUNO

JULIO CÉSAR

ENERO: procede del nombre del dios romano Jano.

FEBRERO: proviene de la palabra *februa*, que se refería a unos ritos romanos que se celebraban en ese mes.

MARZO: mes dedicado al dios de la guerra, Marte.

ABRIL: proviene con más seguridad de la palabra en latín *aperire*, que significa abrir. Con este nombre se alude al tiempo en que empezaban a abrirse las flores.

MAYO: mes dedicado a Maia, diosa de la primavera y los cultivos.

JUNIO: dedicado a la diosa romana Juno.

JULIO: mes dedicado al emperador Julio César.

AGOSTO: este nombre también es resultado de un homenaje al primer emperador romano: Cayo Julio César Octavio Augusto.

SEPTIEMBRE: se originó de la palabra en latín *septem*, que significa siete; en el antiguo calendario septiembre era el séptimo mes (ahora es el noveno); con octubre, noviembre y diciembre pasó lo mismo: estos nombres significan ocho, nueve y diez en latín, que era el idioma hablado por los romanos.

Los días de la semana también deben su nombre al pueblo de Roma, porque le dedicaban cada día a un dios que a su vez se relacionaba con algún astro o planeta:

LUNES: día de la Luna.
MARTES: día de Marte.
MIÉRCOLES: día de Mercurio.
JUEVES: día de Júpiter.
VIERNES: día de Venus.

El sábado estaba dedicado a Saturno y el domingo al Sol, pero dichos nombres no fueron precisamente los que tuvieron estos dos días en tiempos de los romanos. Fue durante la Edad Media (varios siglos después de que el imperio romano desapareció) que se tomó del idioma hebreo el término *shabbath* para designar al sábado; esta palabra significa "el día santo". Con la expresión *dominica dies*, "día del Señor" en latín, se nombró al domingo.

Los nombres sábado y domingo no fueron adoptados en todos los idiomas; en inglés el día domingo se conoce como *Sunday*, que significa: día del Sol, ¡igual que en tiempos de los romanos!

En general, todos los calendarios de la antigüedad estuvieron relacionados con asuntos religiosos, creencias y celebraciones. Julio César, emperador romano, tomó los fundamentos del calendario que tenían en Egipto, pero no las ideas religiosas. Le pidió a un hombre sabio de la época, Sosígenes, que analizara la manera en que los egipcios medían el tiempo y propusiera una manera de que el calendario romano fuera más exacto.

Sosígenes calculó que debía corregirse el número de días del calendario y también sugirió que el año no comenzara en marzo, como se hacía. Para decidir cuándo debía comenzar el año, Sosígenes tomó en cuenta los solsticios.

Hay dos solsticios en el año, el de verano y el de invierno. En el solsticio de invierno se tiene la noche más larga y el día más corto del año. Los romanos decidieron que el año iniciara el primero de enero, que es aproximadamente la fecha en la que se presenta la primera Luna llena después del solsticio de invierno, que acontece entre el 21 y el 22 de diciembre.

Sosígenes concluyó que un año exacto bien medido debía contener 365 días y seis horas. Los días completos no creaban conflicto, pero las seis horas sí. Lo que hicieron los romanos para aprovechar lo que parecía *sobrar* anualmente, fue dejar pasar cuatro años, para que se completara un día entero. De este modo nacieron los llamados *años bisiestos,* que son los años en los que el mes de febrero tiene 29 días y no 28. ¡Es como si en el cuarto año se juntara el tiempo que *sobró* de los tres años anteriores!

El nuevo calendario se llamó juliano, porque fue corregido por órdenes del emperador romano Julio César.

Más o menos durante 1 600 años funcionó el calendario juliano, y tuvo un solo cambio importante. Los romanos reconocían como el año uno el de la fundación de la ciudad de Roma. Pero en el año 525 romano, cuando los cristianos y su iglesia ya eran un grupo importante, el calendario se ajustó por órdenes del papa Hormisdas, para que el año uno fuera el del nacimiento de Jesucristo.

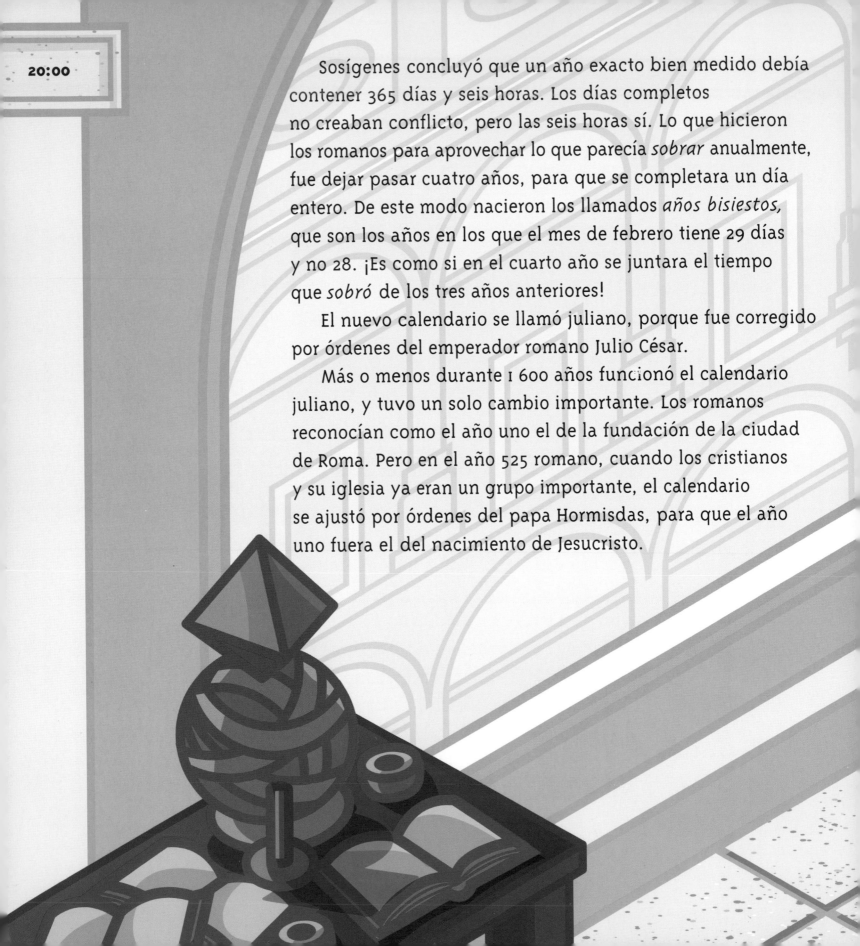

El papa Gregorio XIII fue el que promovió el siguiente cambio importante; de hecho, fue tan radical esta transformación que el calendario que hoy nos rige se conoce como calendario gregoriano, en honor de ese papa.

Se descubrió que el calendario juliano tenía un error de doce minutos, que después de cientos de años, acumuló un error más grande aún, de varios días. Para corregir la falla de una sola vez, el papa llamó a varios astrónomos y matemáticos de la época para que revisaran el calendario juliano; algo muy parecido a lo que hizo Julio César con Sosígenes. Las personas más importantes que cumplieron con esta enorme tarea fueron Luigi Lilio Ghiraldi y Cristóbal Clavius.

Como resultado de sus cálculos, Ghiraldi y Clavius concluyeron que el calendario tenía 10 días de menos. Con la autoridad que entonces tenía el papa, anunció a todo el mundo que al jueves 4 de octubre de 1582 le seguiría el viernes 15 de octubre de 1582, es decir, de un plumazo le sumó al calendario los 10 días que le faltaban. Algunos países se tardaron en ajustarse a este nuevo calendario, pero finalmente todos lo hicieron.

Hoy sabemos que el año tiene exactamente 365 días, 5 horas, 48 minutos y 46 segundos. El calendario gregoriano es el que todos conocemos, con muy ligeros ajustes. Gracias a ello es posible saber qué días vamos a la escuela o cuándo tendremos vacaciones. Es bueno estar de acuerdo en cómo medir el tiempo de una misma manera, porque así, por ejemplo, podemos avisarle a todos cuándo es nuestro cumpleaños para recibir abrazos, felicitaciones y, quién sabe, ¡quizá hasta un regalo sorpresa!